Sitzungsberichte der
Akademie der Wissenschaften der DDR
Gesellschaftswissenschaften

Jahrgang 1975 · Nr. 1/G

Gunther Kohlmey

Ökonomische Theorie und sozialistische Integration

Einige methodologische Bemerkungen

AKADEMIE-VERLAG · BERLIN
1975

Vortrag von Gunther Kohlmey,
Ordentliches Mitglied der
Akademie der Wissenschaften der DDR,
gehalten vor der Klasse Gesellschafts-
wissenschaften I am 26. September 1974

Herausgegeben im Auftrage
des Präsidenten der Akademie
der Wissenschaften der DDR
von Vizepräsident Prof. Dr. Heinrich Scheel

Hinweis

Ab 1. Januar 1975 erscheinen die Sitzungsberichte in den zwei Abteilungen
Mathematik — Naturwissenschaften — Technik
und
Gesellschaftswissenschaften

Erschienen im Akademie-Verlag, 108 Berlin, Leipziger Str. 3—4

Lizenznummer: 202 · 100/255/75
Gesamtherstellung: VEB Druckhaus Köthen
Bestellnummer: 752 829 1 (2010/75/1/G) LSV 0315
Printed in GDR
EVP 3,—

Inhalt

I. Internationalisierung der Wirtschaftsbeziehungen und politische Ökonomie des Sozialismus

Jede Wissenschaft entwickelt sich unter dem Druck der Tatsachen, der mannigfaltigen Veränderungen in den gesellschaftlichen Beziehungen. Für die marxistische Theorie von der sozialistischen Wirtschaft sind das vor allem Veränderungen im wirtschaftlichen Leben. Aber auch die Entwicklung des geistigen Lebens übt großen Einfluß aus — die Entwicklung in der Ideologie, der Wirtschaftswissenschaft, den anderen Einzelwissenschaften und den Metawissenschaften. Mit allen diesen Entwicklungen verändern sich Forschungsobjekte und Methodologie.

Wenn wir einen Blick auf die *Geschichte der politischen Ökonomie des Sozialismus* werfen, so zeigt sich, daß die Entfaltung der sozialistischen Gesellschaft eine Entfaltung der politischen Ökonomie des Sozialismus mit sich brachte. Erinnert sei an das für die marxistischen Gesellschaftswissenschaftler zunächst völlig neuartige Problem der Existenz von Waren- und Geldbeziehungen in der sozialistischen Wirtschaft. Der Ausbau dieser Beziehungen hatte natürlich seinen Einfluß auf die Strukturen und Kategorien der Theorie. Ein anderes Beispiel sind die objektiv notwendigen Veränderungen im Verhältnis von zentralen volkswirtschaftlichen Entscheidungen und Operationsmöglichkeiten der Betriebe im Rahmen der gesamtgesellschaftlichen Planung.

Neue Fragestellungen und theoretische Aufgaben bringt der Aufbau eines entwickelten Sozialismus mit sich. Probleme der volkswirtschaftlichen Strukturen und der Effektivität des Wirtschaftens rücken in den Vordergrund. Dabei geht es nicht nur um ein hohes Wachstum des produzierten Nationaleinkommens, sondern um dessen rationelle Erzeugung und Verwendung. An anderen Problemen, die mehr in den Vordergrund rücken, seien die Erhaltung und Mehrung des National*reichtums,* der Schutz der Umwelt und die intensivere Verbesserung der Arbeits- und Lebensbedingungen genannt. Auch Fragen der Distribution (der Sozialpolitik, der wirksamen Verteilung nach der Leistung und andere) erhalten ein neues spezifisches Gewicht.

Zu dem Druck der Tatsachen, unter dem sich jede Gesellschaftswissenschaft entwickelt, gehört auch die *zunehmende Internationalisierung des gesellschaftlichen Lebens.* Diese vollzog und vollzieht sich in verschiedenen Entwicklungsabschnitten und unter verschiedenen gesellschaftlichen Verhältnissen. Mit der Entwicklung des Sozialismus zu einem Weltsystem und mit dessen Konsolidierung wurde die Theorie von der sozialistischen Weltwirtschaft zu einem wichtigen Bestandteil der politischen Ökonomie des Sozialismus. Damit wurde das System der Elemente und Strukturen, der Kategorien und Gesetze der politischen Ökonomie des Sozialismus vielgliedriger.

Das Primäre in der Internationalisierung der Wirtschaftsbeziehungen ist die Internationalisierung der Produktivkräfte. Da sie sich aber nicht autonom entwickeln können, sondern ihre gesellschaftliche Bewegungsform die jeweiligen Produktionsverhältnisse sind, ist die Internationalisierung der Wirtschaft Einheit der Bewegung von Produktivkräften und von Produktionsverhältnissen.

Marx und Engels haben zwar die Internationalisierung des wirtschaftlichen Lebens als eine von den Produktivkräften determinierte analysiert, aber dabei klar herausgearbeitet, daß die Internationalisierung der Wirtschaftsbeziehungen im Kapitalismus stets eine Internationalisierung des Kapitalverhältnisses ist. Sie haben dieses Kapitalverhältnis als, wie Marx das gern genannt hat, *totales, universelles, gesamtgesellschaftliches* und folglich auch *internationales Verhältnis* konzipiert.

Selbstverständlich untersuchte Lenin den Imperialismus als Entwicklungsstufe des universellen Kapitalverhältnisses und damit als internationales System, als System der mit dem Imperialismus entstandenen Weltwirtschaft. Drei der fünf Hauptmerkmale des Imperialismus — der rein ökonomischen, wie Lenin ausdrücklich betonte — sind weltwirtschaftliche.

Durch den Druck der Internationalisierung der Produktivkräfte entwickelt sich das Kapital als internationales Produktionsverhältnis. Es internationalisiert sich zunehmend der Gegensatz von Lohnarbeit und Kapital. Auf dieser Grundlage konnte die Lehre von der Herausbildung und vom gesetzmäßigen Zusammenschluß, von der Internationalisierung der Arbeiterklasse ausgearbeitet werden. Mit der Entwicklung der internationalen Arbeiterklasse unter den Bedingungen einer Weltwirtschaft ging auch die Internationalisierung anderer werktätiger Klassen und Schichten einher; das betrifft viel weniger die Bauern als ganz besonders die Intelligenz (Internationalisierung der Wissenschaften und überhaupt des geistigen Lebens).

Die Theorie von der Internationalisierung der Produktivkräfte und des Kapitalverhältnisses, vom Imperialismus als Weltsystem bildete die Grundlage für Lenins Lehre von der internationalen sozialistischen Revolution im Imperialismus, von der Möglichkeit sozialistischer Revolutionen in zunächst einem

Land oder in einigen wenigen und dazu nicht unbedingt wirtschaftlich entwikkelten Ländern.

Kapitalismus und Sozialismus sind internationale Produktionsweisen. Der Sozialismus hat alle Antagonismen und Deformationen der kapitalistischen Internationalisierung zu beseitigen. Er führt den Internationalisierungsprozeß in kollektiven, planmäßigen Produktionsverhältnissen weiter. So ist er eine internationalistische Gesellschaft.

Für eine sozial gerechte Internationalisierung, die allen beteiligten Völkern nützt, ihrer Höherentwicklung und Annäherung dient, für eine komplexe, planmäßige und folglich rationelle Internationalisierung bieten nur die kollektiven sozialistischen Produktionsverhältnisse Raum; sie gewähren den modernen Produktivkräften, die einen höheren Grad an Vergesellschaftung verlangen, den erforderlichen Aktionsradius. Eine besondere geschichtliche Stufe dieser Internationalisierung ist die internationale sozialistische Wirtschaftsintegration. Ihr werden gesetzmäßig weitere Integrationen in nichtökonomischen Bereichen der sozialistischen Gesellschaft folgen.

In Lehre und Forschung sind wir dabei, aus dieser zunehmenden Internationalisierung des sozialen Lebens notwendige *methodologische Schlußfolgerungen* zu ziehen. Sie betreffen den Aufbau der politischen Ökonomie des Sozialismus, ihre Elemente und Kategorien, ihre Gesetze und Strukturen. Wir sind dabei, die restlichen Hüllen abzustreifen, die die politische Ökonomie des Sozialismus durch den Aufbau des Sozialismus zunächst in einem Land erhielt — in einem Land, das zudem unterentwickelt und sehr lange Zeit weltwirtschaftlich gering verflochten war. Wir sind dabei, auch eine weitere Hülle abzustreifen, wurde doch der Sozialismus, auch unter den Bedingungen des sozialistischen Weltsystems, zunächst ohne tiefgreifende internationale Produktionsverflechtungen aufgebaut. Die politische Ökonomie des Sozialismus war damit in ihrem Aufbau und in der Darstellung ihrer Kategorien vorwiegend volkswirtschaftlich, auf die inneren Probleme einer jeden einzelnen sozialistischen Wirtschaft, orientiert.[1]

Dieses Abstreifen von Hüllen ist *Erscheinungsform eines allgemeineren methodologischen Problems:* daß nämlich die theoretische Abstraktion einen gewissen Grad an Mannigfaltigkeit der Erscheinungen voraussetzt. Marx hat das, als er in seinen „Grundrissen" den „ungeheuren Fortschritt" hervorhob,

---

[1] In einem Lehrbuch „Politische Ökonomie" aus den fünfziger Jahren wird z. B. die Funktion des Außenhandels darauf reduziert, als *zusätzliche* Quelle von Ressourcen zu dienen.
(Politische Ökonomie. Lehrbuch. Nach der dritten, überarbeiteten russischen Ausgabe, Berlin 1959, S. 685).

den A. Smith mit der Bestimmung der Arbeit schlechthin, unabhängig von ihren verschiedenen Formen, erzielt hatte, sehr schön ausgedrückt:

„So entstehn die allgemeinsten Abstraktionen überhaupt nur bei der reichsten konkreten Entwicklung, wo Eines vielen Gemeinsam erscheint, allen gemein. Dann hört es auf, nur in besondrer Form gedacht werden zu können."[2]

Mit dieser Fragestellung wird das bekannte methodologische Problem des Verhältnisses von Historischem und Logischem in der Entwicklung der Theorie berührt. Wenn wir diese Fragestellung auf die politische Ökonomie des Sozialismus unter den Bedingungen der sozialistischen ökonomischen Integration anwenden, ist zu bedenken, daß die heutige Wirtschaftsintegration der RGW-Länder in dreifachem Sinne historisch bestimmt ist:

1. Es ist eine Wirtschaftsintegration nur eines Teils der sozialistischen Länder.

2. Wir befinden uns im ersten Viertel oder Drittel einer ersten Etappe dieser Wirtschaftsintegration. Viele Maßnahmen der wirtschaftlichen Zusammenarbeit der RGW-Länder sind noch nicht typische Integrationsmaßnahmen, sondern Formen einer allgemeineren wirtschaftlichen Zusammenarbeit.[3] Allerdings werden sie in die sich entwickelnden Integrationsprozesse eingefügt.

3. Bei den Integrationsmaßnahmen der RGW-Länder handelt es sich um eine Integration nur auf wirtschaftlichem Gebiet. Sie wird zwangsläufig von enger werdender Zusammenarbeit auf anderen Gebieten unterstützt und gefördert, und komplexe politische und kulturelle Integrationen werden sich erst in späterer Zeit entwickeln.

Aus dieser Bestimmung des historischen Platzes der heutigen Integration der Volkswirtschaften der RGW-Länder ergeben sich *für die politische Ökonomie des Sozialismus drei Aufgaben.*

Sie muß *erstens* einen Beitrag für die historisch konkrete Entwicklung der sozialistischen internationalen Wirtschaftsintegration in ihrer ersten Etappe leisten. *Zweitens* sind im Historischen die reinen, die abstrakten Kategorien zu finden und herauszuarbeiten. Schließlich ist, *drittens,* das Verhältnis von Ökonomie und Politik zu untersuchen, das Verhältnis der internationalen Wirtschaftsintegration zum politischen Überbau — heute und in Zukunft.

---

[2] K. Marx, Grundrisse der Kritik der politischen Ökonomie, Berlin 1953, S. 25.

[3] Nicht zufällig heißt das Komplexprogramm der RGW-Länder von 1971, was manchmal übersehen wird: „Über die Vertiefung und Vervollkommnung der Zusammenarbeit und Entwicklung der sozialistischen ökonomischen Integration."

II. Produktivkräfte und internationale Wirtschaftsintegration

Die Internationalisierung der Produktivkräfte und Produktionsverhältnisse ist eine Form der Entwicklung der „gesellschaftlichen Charaktere der Arbeit"[4]. Die kapitalistische Industrie hat eine bedeutende Konzentration der Produktion und Zentralisation der Kapitale mit sich gebracht. Diese wiederum waren mit der Entwicklung einer vielschichtigen gesellschaftlichen Arbeitsteilung und Kooperation (Kombination) der Teilarbeiten im System der gesellschaftlichen Gesamtarbeit verknüpft. Marx, Engels und Lenin haben das die *Vergesellschaftung von Arbeit und Produktion* genannt.[5] Ein immer wichtiger werdender Teilvorgang dieser Vergesellschaftung ist *die Internationalisierung von Arbeit und Produktion.* Sie wird durch internationale Zirkulationsprozesse vermittelt.

Das grundlegende Element der Produktivkräfte, das nach Marx Vergesellschaftung und Internationalisierung enthalten, ist *die maschinelle Großproduktion.* Sie bringt Konzentration, Teilung und Kooperation im gesellschaftlichen Arbeitsprozeß zum Ausdruck.[6]

Diese maschinelle Großproduktion ist auch heute, auch in der sozialistischen Gesellschaft, das grundlegende Produktivkraftelement von Vergesellschaftung und Internationalisierung. Allerdings hat sie in ihrer gegenwärtigen Gestalt nur wenig Ähnlichkeit mit den Maschinensystemen vor 100 oder 150 Jahren. An *grundlegenden neuen Zügen* könnten angeführt werden:

1. Die heutige maschinelle Großproduktion ist (oder wird bald sein) *hochmechanisiert, teil- und vollautomatisiert.* Die optimale Losgröße der Produk-

---

[4] Vgl. K. Marx, Das Kapital, Erster Band, in: K. Marx/F. Engels, Werke, (MEW) Bd. 23, Berlin 1962, S. 86; K. Marx, Theorien über den Mehrwert, Dritter Teil, in: MEW, Bd. 26, Berlin 1968, S. 488.

[5] Vgl. G. Kohlmey, Vergesellschaftung und Integration im Sozialismus, Berlin 1973, S. 85 ff.

[6] Vgl. u. a. K. Marx, Das Kapital, Erster Band, a. a. O., S. 790.

tion hat, bei den einzelnen Erzeugnissen und Erzeugnisgruppen gewiß unterschiedlich, ganz bedeutend zugenommen. Riesige Produktionsanlagen sind das Charakteristische.[7] Große Serien mit entsprechend niedrigen Kosten sind im Maschinenbau und in anderen industriellen Bereichen häufig nicht mehr bei Fertigung von Finalerzeugnissen in jedem Werk zu erreichen. Die Produktion nach dem Baukastenprinzip, die Erzeugung von Bauelementen, Baugruppen, Teilen usw., entwickelt sich. Ein anderer, sehr wichtiger Vorgang der Vervollkommnung der maschinellen Großproduktion auf dem Wege zur Vollautomatisierung und als Kriterium der wissenschaftlich-technischen Revolution ist die Ersetzung von Denkoperationen der Arbeitskräfte durch Operationen der Maschinen.

2. Die Anwendung automatischer Anlagen, komplexer Maschinensysteme usw. ist heutzutage nicht auf die Industrie beschränkt, sie hat *auch andere (produktive und nichtproduktive) Bereiche* ergriffen: Wissenschaft, Transport und Verkehrswesen, Handel und Nachrichtenwesen, Landwirtschaft und Verwaltung.

3. Ein weiterer wichtiger Grundzug der modernen maschinellen Produktion ist die *Integration der Wissenschaft in den Produktionsprozeß.* Die wissenschaftliche Arbeit wird zum wichtigsten Element der produktiven und nichtproduktiven gesellschaftlichen Gesamtarbeit. Das gilt für die direkt in der Produktion durchgeführten Forschungen und Entwicklungsarbeiten ebenso wie für die der Produktion vorgelagerte Forschung und Entwicklung, von der Grundlagenforschung angefangen.

4. Neue Aufgaben für die Wissenschaft und für den Einsatz moderner Produktionstechnologien ergeben sich aus der notwendigen *Erschließung neuer Nahrungsquellen* für die zunehmende Erdbevölkerung und für die Beseitigung des Hungers in der Welt (chemische Erzeugnisse und Maschinen für die Landwirtschaft, Erschließung der Nahrungsquellen in den Weltmeeren, synthetische Nahrungsmittel, Verminderung der Trockengebiete, Klimaregulierung). Ebenso notwendig ist die *Erschließung neuer Rohstoff- und Energiequellen,* um die Welt einigermaßen gleichmäßig zu industrialisieren und um den Lebensstandard anzuheben. Hierzu gehört die Entwickung von Atomkraftwerken ebenso wie die weiteren Arbeiten an technologischen Lösungen für die Gewinnung von Energie aus den Weltmeeren, dem Weltenraum und durch Kernfusion. Viele Aufgaben hat die Kosmosforschung zu lösen, und die Meeresforschung dient unter anderem der Erschließung neuer Nahrungs- und Rohstoffquellen. Schließ-

[7] Großbetriebe allein sind kein hinreichender Ausdruck für Konzentration, es gibt Großbetriebe mit zu großem Produktionssortiment; große Anlagen und große Serien sind also ausschlaggebend.

lich müssen weiterhin neue energie- und materialsparende Technologien entwickelt werden.

5. Die weitere schnelle Zunahme der Vergesellschaftung von Arbeit und Produktion, von Konzentration, Arbeitsteilung und Kombination erhöht den Stellenwert der produktiven und nichtproduktiven *Infrastruktur* im gesellschaftlichen Reproduktionsprozeß. Ein wichtiges Anliegen ist unter anderem die weitere Entwicklung automatisierter Informations- und Kontrollsysteme, unter anderem für die Leitung komplizierter Reproduktionsprozesse. Gegenwärtig und auch in der nächsten Zeit ist, in den einzelnen Ländern natürlich unterschiedlich, ein vorrangiger Ausbau der Infrastruktur im Verhältnis zur Produktion notwendig, damit alle vermittelnden Glieder des gesellschaftlichen Reproduktionsprozesses richtig funktionieren und die Produktion selbst reibungslos ablaufen kann. Es nimmt der tertiäre Sektor vorrangig gegenüber dem primären und sekundären zu.

6. Für die *Erhaltung des Gleichgewichts von Mensch und Natur* werden nicht nur einige hundert Milliarden Dollar, sondern auch viele neue Technologien benötigt, z. B. für die Reduzierung von Trockengebieten, die Erhaltung notwendiger Wälder und Grünflächen, die Reinhaltung der Gewässer und Meere, den gesamten sonstigen Umweltschutz, für die Klimaregulierung usw.

Mit diesen neuen Einsatzaufgaben für Wissenschaft und maschinelle Großproduktion ist notwendig eine *weitere gesellschaftliche Arbeitsteilung* verbunden, in der Industrie und in der Landwirtschaft, zwischen produktiven und nichtproduktiven Bereichen, innerhalb der nichtproduktiven Bereiche. In der verarbeitenden Industrie ist die erwähnte Produktion von Teilen, Bauelementen, Baugruppen usw. eine spezifische Erscheinungsform neuer Teilungen (Spezialisierungen) in der gesellschaftlichen Arbeit und Produktion.

Aus Konzentration und gesellschaftlicher Arbeitsteilung ergeben sich *neue Prozesse der Kombination, der Kooperation* der gesellschaftlichen Arbeit. Erscheinungsformen sind die Kooperationsverbände in der Nahrungsgüterwirtschaft, die Herausbildung von Industrie-Agrar-Komplexen, die Bildung von Kombinaten, neue Kombinationen von Information, Kontrolle und Produktion, von Wissenschaft und Produktion.

Aus allen diesen Prozessen leitet sich zwangsläufig die *zunehmende Internationalisierung* des gesellschaftlichen Reproduktionsprozesses ab. Die neuen Dimensionen der Konzentration der Produktion, der gesellschaftlichen Arbeitsteilung, der Kombination, der Infrastruktur usw. sind nur durch ökonomische Verflechtungen über den Rahmen einer Volkswirtschaft hinaus zu erreichen. Es genügen nicht nur internationale Marktoperationen als vermittelnde Glieder der einzelnen volkswirtschaftlichen Reproduktionsprozesse; die Ausdehnung der Produktionsprozesse zu internationalen ist für deren Intensivierung erforderlich. Das gilt auch für Wissenschaft und Information. Auch Meeres- und Kosmosforschung verlangen internationale Arbeiten und Lösungen. Wenn die Gewinnung von Elektroenergie durch Kernfusion möglich werden wird, kann vielleicht ein einziges Kraftwerk den Erdteil Europa versorgen.

Es entwickelt sich der Widerspruch zwischen der Konzentration der Produktion auf der einen Seite (große Serien, niedrige Kosten) und der Diversifikation des konsumtiven und produktiven Bedarfs auf der anderen Seite. Das ständige Setzen und Lösen dieses Widerspruchs ist nur bei territorialer Erweiterung des Wirkungsfeldes dieses Widerspruchs möglich. So erhält die Internationalisierung der Produktion, der Wirtschaftsbeziehungen und überhaupt der gesellschaftlichen Verhältnisse in den heutigen Produktivkräften neue Grundlagen. Diese Produktivkräfte verlangen neue Dimensionen und Qualitäten der Produktionsverhältnisse.

Im 19. Jahrhundert vollzog sich die Internationalisierung der Wirtschaftsbeziehungen vor allem über den Außenhandel. Mit dem Beginn des Imperialismus kamen internationale Produktionsbeziehungen, besonders in Gestalt des Kapitalexports, hinzu. Später entwickelte sich der internationale Handel mit Wissenschaft und Information. Aber all das genügt nicht mehr. Notwendig sind international abgestimmte und gemeinsame Produktionen, sind einheitlich geleitete internationale Reproduktionskomplexe (von der Forschung bis zum Absatz). Das ist nur über die Integration von Volkswirtschaften zu erreichen; ein neuer Zeitabschnitt der Internationalisierung der Reproduktionsprozesse und der Wirtschaftsbeziehungen beginnt.

Trotz aller staatlich-monopolistischen Anpassungen und partiellen Lösungen ist die kapitalistische Gesellschaftsordnung nicht in der Lage, weltweite, universelle Lösungen entsprechend den modernen Produktivitätsentwicklungen anzubieten. Der Konflikt zwischen den Anforderungen der heutigen Produktivkräfte und dem kapitalistischen Produktionsziel der Profitmaximierung hat eine Fülle von schwerwiegenden und vom Imperialismus *ungelösten ökonomischen Weltproblemen* hervorgebracht. Rassendiskriminierung und Aggression gehören ebenso dazu wie Inflation und Umweltzerstörung. Vorhandenes Wissen und vorhandene Technologien wurden nicht über die Welt verbreitet. Hunger, Unbildung, Krankheiten und ungelöste demographische Probleme gibt es in großen Gebieten und für viele Hunderte von Millionen Menschen. Unterentwicklung ist ein Kennzeichen der imperialistischen Weltwirtschaft. Die unterentwickelten Gebiete dienen mit ihren Naturschätzen und ihrem Menschenpotential den herrschenden imperialistischen Kräften als Exploitationsbasis.

III. Ziel und Mittel der sozialistischen ökonomischen Integration

Es wäre jetzt also notwendig, die Wesenszüge der sozialistischen internationalen Integration in der Wirtschaft zu erfassen. Dazu benötigen wir Verständigung über *einige methodologische Voraussetzungen.*

So müßte *die Integration als Prozeß* verstanden werden. Während mit Wert, Geld, Profit und anderen Begriffen nicht unmittelbar ökonomische *Prozesse* formuliert werden, bringen Kategorien wie Reproduktion und Akkumulation, Vergesellschaftung, Internationalisierung und Integration wirtschaftliche *Prozesse* zum Ausdruck. Damit wäre die Aufgabe gestellt, Ziel und Mittel der internationalen Wirtschaftsintegration zu formulieren.

Eine weitere methodologische Aufgabe besteht, wie schon weiter oben erwähnt, darin, *im konkreten historischen Prozeß* der heutigen Wirtschaftsintegration der RGW-Länder *das Allgemeine der sozialistischen ökonomischen Integration* herauszuarbeiten.

Damit hängt die Unterscheidung von *Wesen und Erscheinung* zusammen. Zuweilen wird die Integration nur als Verflechtung und Annäherung von Volkswirtschaften oder ähnlich bezeichnet. Doch könnte man hier sinngemäß das anwenden, was Lenin in seinem „Imperialismus" in der Auseinandersetzung mit Rießer schrieb, der den Imperialismus als Verflechtung kennzeichnete. Lenin antwortete, daß die Verflechtung sicher der auffallendste Zug des Prozesses sei, daß ihr aber als Wesen Veränderungen der gesellschaftlichen Produktionsverhältnisse und neue Vergesellschaftungsprozesse zugrunde liegen.[8] Das gilt sinngemäß für die internationale ökonomische Integration.

Weiter wäre bei der Bestimmung des Wesens der Integration *das spezifisch Internationale* herauszuarbeiten, gibt es doch auch Integration von Betrieben (zu Trusts im Kapitalismus, zu Kombinaten und zu landwirtschaftlichen Pro-

---

[8] W. I. Lenin, Der Imperialismus als höchstes Stadium des Kapitalismus, in: Werke, Bd. 22, Berlin 1960, S. 308.

duktionsgenossenschaften im Sozialismus) und Integration von Territorien (zu einer einheitlichen Volkswirtschaft).

Auf internationaler Ebene hätten wir zwischen der Integration von *Volkswirtschaften* insgesamt, von einzelnen volkswirtschaftlichen *Sektoren* und von *Grenzterritorien* benachbarter Länder zu unterscheiden.

Es ist auch notwendig, die Integration *von anderen Prozessen internationaler Wirtschaftsbeziehungen abzuheben,* werden doch in der Literatur der kapitalistischen Welt wiederholt Kolonialsysteme oder Kapitalexport, oder einfach der sogenannte freie internationale Handel als regionale und weltweite Integrationen bezeichnet.[9]

Eine letzte und die Hauptaufgabe ist schließlich *die Abgrenzung des Wesens der sozialistischen ökonomischen Integration* von kapitalistischen Integrationsprozessen. Gemeinsam wäre offensichtlich in den Definitionen der sozialistischen und der kapitalistischen Integration die Erfassung des Wesens der Produktivkraftentwicklung; gemeinsam wäre ferner die Erfassung aller relevanten allgemeinen Produktionsverhältnisse, wie zum Beispiel der internationalen Ware-Geld-Beziehungen. Hierbei ist es jedoch notwendig, die spezifischen Funktionen dieser Beziehungen in den Systemen der sozialistischen und der kapitalistischen internationalen Wirtschaftsintegration herauszuarbeiten.

Entscheidend ist die Charakterisierung der wesentlichen Produktionsverhältnisse sozialistischer und kapitalistischer Wirtschaftsintegration, vor allem die Kennzeichnung des grundlegenden sozialistischen Produktionsverhältnisses der Kollektivität, der Zusammenarbeit und gegenseitigen Hilfe und, auf der anderen Seite, des grundlegenden kapitalistischen Produktionsverhältnisses, des antagonistischen Verhältnisses von Kapital und Arbeit.

Unter Beachtung dieser methodologischen Voraussetzungen kann das *Ziel der sozialistischen ökonomischen Integration* ermittelt werden.

Die sozialistische Gesellschaft steuert in ihren Integrationsprozessen ein objektives historisches Ziel an, das in letzter Instanz von den Produktivkräften determiniert wird, seine spezifische sozialökonomische Gestalt jedoch von den sozialistischen Produktionsverhältnissen erhält.

Wenn es offensichtlich ist, daß die Menschheit heute genügend Wissen und Güter produziert oder doch produzieren könnte, um Hunger, Krankheit, Analphabetentum und andere soziale Deformationen zu beseitigen oder doch zu-

---

[9] G. Haberler sagt, „daß in der westlichen Welt mit der regionalen Integration in der EWG eine weltweite (universelle) Integration einherging. Dieser Prozeß beruht fast gänzlich auf den Marktkräften ...", G. Haberler/J. P. Hardt, Integration by Market Forces and Through Planning, Discussion Paper, 4. Weltkongreß der Internationalen Ökonomischen Assoziation, Budapest, August 1974.

nächst zu vermindern, unter denen weit mehr als eine Milliarde Menschen ganz besonders leidet,
wenn es erwiesen ist, daß die großen Energie-, Ernährungs-, Rohstoff- und Umweltprobleme der Gegenwart und erst recht der Zukunft nur mittels internationaler Kooperation gelöst werden können,
wenn technischer Fortschritt und moderne Großproduktion mehr und mehr dazu zwingen, Wissenschafts-, Investitions-, Produktions- und Marktpotentiale der Völker zu vereinigen, damit effektiv gewirtschaftet und der Lebensstandard verbessert werden kann,
wenn schließlich hieraus folgerichtig der Schluß gezogen wird, daß diese notwendige weitere Internationalisierung der Wirtschaft nur friedlich und ohne nationale Unterdrückung, nur planmäßig und international koordiniert erreicht werden kann,
dann ergibt sich, daß das gesellschaftlich notwendige Ziel der Integration von Volkswirtschaften der gleichberechtigte Zusammenschluß freier Nationen mit entwickelter oder sich in Zusammenarbeit entwickelnder Wirtschaft ist.

Dieses Ziel kann nur bei gesellschaftlichem Eigentum an den Produktionsmitteln, unter der Herrschaft der Arbeiterklasse, in einer sozialistischen Planwirtschaft, ohne internationale Ausplünderung und Konkurrenz mit Erfolg angesteuert werden. Der Sozialismus/Kommunismus gewährleistet die freie Entfaltung der Individuen, werktätigen Klassen und Nationen. Er schafft die Grundlagen für die allseitige und dabei auch internationale Verbesserung der Arbeits- und Lebensbedingungen.

So ist der Sozialismus als historisch notwendiges, den Kapitalismus zwangsläufig ablösendes gesellschaftliches System nicht zuletzt durch das Erfordernis einer weiteren Internationalisierung von Wirtschaft und Gesellschaft auf die Tagesordnung der Geschichte gesetzt. Gerade das hat Marx mehrfach unterstrichen, als er die Entwicklung des Weltmarktes als notwendigen Prozeß der materiellen Vorbereitung des internationalen Sozialismus bezeichnete.[10] Gerade das hat Lenin herausgearbeitet, als er den hohen Grad von Vergesellschaftung und Internationalisierung im Imperialismus als Vorstufe des Sozialismus charakterisierte.[11]

Das historisch notwendige, objektive Ziel der sozialistischen ökonomischen Integration steht im Zusammenhang mit dem Ziel der gesellschaftlichen Entwicklung vom Sozialismus zum Kommunismus: Annäherung und Zusammenschluß der Völker, der Nationen, der Volkswirtschaften, der Staaten; es steht

---

[10] Vgl. z. B. K. Marx, Das Kapital, Dritter Band, in: MEW, Bd. 25, Berlin 1964, S. 276 f.

[11] Vgl. z. B. W. I. Lenin, Der Imperialismus ..., a. a. O.

im Zusammenhang mit dem zukünftigen historischen Prozeß des allmählichen Verschmelzens der Nationen. Die sozialistische Integration von Volkswirtschaften ist ein Teilprozeß des langen geschichtlichen Vorgangs gesamtgesellschaftlicher Integration von sozialistischen Nationen.

Sie ist selbst ein langer geschichtlicher Prozeß. Zweifellos wird sie viele Stufen durchlaufen, werden wir sie in Zukunft periodisieren müssen. Gegenwärtig — das wurde schon gesagt — erleben wir eine erste Entwicklung dieser Integration.

Damit ergibt sich für Wissenschaft und Wirtschaftspolitik die Aufgabe, *konkrete Teilziele der Integration für einzelne Partnerländer und für einzelne Entwicklungsabschnitte der Integrationsgemeinschaft* zu bestimmen. In der Regel wird dies ein „Zielbaum" sein; Präferenzen sind zu bestimmen. Damit ist erstens die Dialektik von Hauptziel und Subzielen sowie zweitens die Dialektik von Ziel und Mitteln verbunden. Es besteht die Möglichkeit, für bestimmte Entwicklungsabschnitte einzelne Mittel der Integration als Ziele zu setzen. Das Entscheidungsfeld für die Wirtschaftspolitik ist weit. In der Regel sind mehrere Lösungsvarianten praktikabel, und es gibt in diesen Situationen nicht nur ein einziges objektiv notwendiges ökonomisches Optimum.

Natürlich verlangt, wenn wir wieder von den Erfordernissen der maschinellen Großproduktion unserer Zeit ausgehen, eine sozialistische ökonomische Integration entwickelte Volkswirtschaften. Nicht zufällig brauchten die sozialistischen Länder nach der Gründung des RGW im Jahre 1949 etwa zwanzig Jahre, ehe die Voraussetzungen für den Übergang zur wirtschaftlichen Integration geschaffen worden waren.

Die sozialistische ökonomische Integration setzt ein bestimmtes Minimum an Angleichung des technisch-wirtschaftlichen Entwicklungsniveaus der einzelnen Länder voraus. Doch darf man das nicht schematisch betrachten. Bulgarien und Rumänien zum Beispiel haben im volkswirtschaftlichen Durchschnitt auch heute noch nicht das Entwicklungsniveau etwa der ČSSR oder der DDR erreicht; aber Produktivkräfte und Produktionsverhältnisse in diesen Ländern sind so weit entwickelt, daß Integrationsprozesse bereits möglich und notwendig sind, besonders in jenen Wirtschaftssektoren, in denen moderne Betriebe aufgebaut worden sind. Damit ist die Integration zugleich ein Mittel, um den Angleichungsprozeß voranzutreiben. Das wird auch deutlich, wenn wir die Partnerschaft der Mongolischen Volksrepublik und Kubas in der Integration betrachten.

Das historische Ziel der Annäherung der Völker und der Integration ihrer Volkswirtschaften kann — das ist offensichtlich — nur im Sozialismus erreicht werden. *Deshalb sind die kapitalistischen Integrationsprozesse partielle, unvoll-*

kommene. Das Ziel, die Völker zusammenzuschließen und einander anzunähern, kann nicht erreicht werden. Das kapitalistische Ziel der Profitmaximierung steht im Widerspruch zu diesem Ziel der geschichtlichen Entwicklung. Das zeigt sich sowohl bei den Integrationsprozessen in Gestalt der transnationalen Konzerne als auch bei dem regionalen Integrationsblock in Gestalt der EWG.

Dieser Gegensatz von Kapitalismus und Sozialismus und die historische Aufgabe des Sozialismus, volkswirtschaftliche Integrationsprozesse in einem längeren historischen Ablauf ihrem gesellschaftlich notwendigen Ziel zuzuführen, werden auch deutlich, wenn wir uns die *Grundrichtungen der sozialistischen ökonomischen Integration* ansehen.

Mit der Formulierung von vier gesellschaftlich notwendigen, objektiven Grundrichtungen der internationalen Wirtschaftsintegration soll der Versuch gemacht werden, die Veränderungen der sozialistischen Produktionsverhältnisse und der Vergesellschaftung zusammenzufassen, die — um Lenins schon zitiertes Wort aus dem „Imperialismus" anzuwenden — dem „auffallendsten Zug" der Integration, der Verflechtung der Volkswirtschaften, zugrunde liegen.

1. Eine erste Grundrichtung besteht in der Zunahme der internationalen Produktionsverhältnisse im Gesamtsystem der sozialistischen Produktionsverhältnisse; dabei dehnen sich besonders die direkten internationalen Produktionsbeziehungen aus. Zunehmend werden die volkswirtschaftlichen Produktionsverhältnisse von den internationalen determiniert, bis diese schließlich in viel weiterer Zukunft dominieren.

Im Gesamtsystem der sozialistischen Produktionsverhältnisse beobachten wir den allmählichen Übergang von relativ isolierter Verfügung über das einzelstaatliche sozialistische Eigentum zu international koordinierter Verfügung und zu verschiedenen Formen der gemeinsamen Verfügung über die Teile des einzelstaatlichen Eigentums, die von Integrationspartnern in internationale Einrichtungen eingebracht worden sind. Allmählich entsteht dann internationales Eigentum.

2. Im internationalen sozialistischen Integrationsprozeß beobachten wir den Übergang von der zunächst überwiegend volkswirtschaftlich determinierten Bildung von Reproduktionskomplexen über international abgestimmte Volkswirtschaftskomplexe (zunächst in ausgewählten Bereichen) zur Ausbildung internationaler Reproduktionskomplexe in Produktion, Distribution, Zirkulation und Konsumtion, zunächst ebenfalls in ausgewählten Sektoren. (Eingesetzte Mittel sind unter anderem: Internationale Wirtschaftsorganisationen, Forschungskooperation, Produktionsspezialisierung, Außenhandel, Valutabeziehungen.)

3. Im Integrationsprozeß erfolgt der Übergang von zunächst relativ isolierten volkswirtschaftlichen Planungsentscheidungen über die internationale Koordi-

nierung von Plänen, Programmen und Maßnahmen zu gemeinsamen Leitungs- und Planungsentscheidungen (in mannigfachen Formen und zunächst für einzelne Objekte und Zweige).

4. Es vollzieht sich die Annäherung der sozialistischen Nationen durch verstärkte politische und geistig-kulturelle Zusammenarbeit; die allen beteiligten sozialistischen Nationen gemeinsamen internationalen Interessen dehnen sich gegenüber den spezifischen nationalen Interessen aus.

Das Ansteuern des historisch objektiv notwendigen Ziels der sozialistischen ökonomischen Integration und das Verfolgen der Grundrichtungen werden viele Entwicklungsetappen beanspruchen. Die Aufgaben einer ersten Etappe sind im „Komplexprogramm" formuliert.

Mit der Bestimmung des Ziels und der Grundrichtungen der sozialistischen ökonomischen Integration ist eine deutliche *Abgrenzung zu folgenden Prozessen im Imperialismus* gegeben:

— zur territorialen imperialistischen Integration,
— zu internationalen Konzernen,
— zum Kolonialsystem,
— zum Kapitalexport.

Die EWG scheitert nicht zuletzt am Aufbau eines einheitlichen oder doch abgestimmten Entscheidungssystems. Als imperialistische Integration stützt sie sich auf die Abhängigkeit von Entwicklungsländern; basierend auf dem Profitmechanismus, gehört zu ihr die Konkurrenz innerhalb der EWG (der Staaten, der Konzerne usw.) und auch mit kapitalistischen Kräften außerhalb der EWG, nicht zuletzt mit den transnationalen Konzernen der USA.

Diese „multinational corporations", eine andere imperialistische Integrationsform, verfügen zwar, wie es für eine Integration notwendig ist, über ein durchorganisiertes Leitungssystem für die von ihnen beherrschten internationalen Reproduktionskomplexe, doch sind sie auf Sektoren beschränkt. Sie verschärfen die Widersprüche von Monopol und Konkurrenz, von Monopol und Staat, der Staaten untereinander. Sie untergraben die Souveränität anderer Länder, besonders der wirtschaftlich schwächeren und politisch abhängigen. Sie sind Organe der imperialistischen Unterentwicklung und Ausplünderung, des Neokolonialismus.

Es ist offensichtlich, daß *Integrationsprozesse von Volkswirtschaften nur intrasystemar* möglich sind.

Entsprechend dem Ziel und den Mitteln von Integrationsprozessen, besonders entsprechend dem langfristig gesellschaftlich notwendigen Ziel der sozialistischen ökonomischen Integration, ist eine „Kointegration" sozialistischer und kapitalistischer Volkswirtschaften nicht zu verwirklichen.

Allerdings sollten wir die richtige These von der nur intrasystemar möglichen Integration nicht einseitig interpretieren. Es gibt erstens Rand- und zweitens Übergangsprozesse. *Randprozesse* könnten zum Beispiel Integrationsbeziehungen der nordwestlichen Sowjetunion mit Finnland oder zwischen Sibirien und Japan werden. Randprozesse sind auch die sich abzeichnenden möglichen Maßnahmen auf dem Gebiet der Energiewirtschaft oder des Umweltschutzes in Europa.

Übergangsprozesse würden ablaufen, wenn Länder, in denen eine nationaldemokratische Revolution durchgeführt wurde, auf diese oder jene Art, in diesem oder jenem Maße an der sozialistischen ökonomischen Integration mitwirken.

IV. Internationale Effektivitätskriterien bei der Wahl von Produktionsstandorten (Allokationsproblem)

Im Integrationsprozeß werden die einzelnen Forschungs- und Produktionsstandorte zunehmend nach *internationalen Standort- bzw. Effektivitätskriterien* der jeweils beteiligten Länder bestimmt.[12] Damit wird eine bedeutende Quelle des volkswirtschaftlichen Wachstums erschlossen. Das Wirtschaften wird effektiver. Bisher wurden Produktionen im wesentlichen nach inneren volkswirtschaftlichen Effektivitätskriterien aufgebaut, wobei die zugehörigen volkswirtschaftlichen Prozesse in einem Iterationsverfahren angenähert werden. Zum Beispiel waren für die Lkw-Produktion in der DDR oder die Herstellung von Elektrokarren in Bulgarien volkswirtschaftliche Effektivitätserwägungen (unter Einschluß des Außenhandels) maßgebend. Im Integrationsprozeß wird geprüft, welche Typen an Lkw in welchem Land am zweckmäßigsten produziert werden können.

Bei Optimierung derartig spezialisierter oder gemeinsamer Produktionen werden nicht mehr zwei oder mehrere Systeme durch Iteration optimiert, sondern es wird eine internationale Optimierung des jeweiligen Prozesses erfolgen. Das wird uns vor ganz neue Planungsaufgaben stellen. Als Beispiel könnten die Produktionsabstimmungen bei Lkw oder im Rahmen des „Einheitssystems elektronischer Rechenmaschinen" (ESER) erwähnt werden. Allerdings sollten wir anerkennen, daß gegenwärtig Produktionsspezialisierungen und die Gründung von internationalen Wirtschaftsorganisationen noch mehr oder minder stark nach Effektivitätserwägungen der einzelnen Volkswirtschaften erfolgen, wobei dann, in Abstimmung, internationale Kriterien hinzugezogen werden.

Derartige arbeitsteilige und kombinierte, auch gemeinsame Großproduktionen — Forschung und Entwicklung immer einbezogen — machen einen *inter-*

---

[12] Vgl. G. Kohlmey, Vergesellschaftung und Integration im Sozialismus, Berlin 1973, S. 156 ff. u. S. 165 ff.
Vgl. ferner: G. Kohlmey, Wahl von Produktionsstandorten und internationale Mobilität von Produktivkräften in der Wirtschaftsintegration der RGW-Länder, in: Wirtschaftswissenschaft, 9/1973, S. 1298 ff.

nationalen Einsatz von Produktivkräften notwendig, von Arbeitskräften und von Produktionsfonds. Dieser Einsatz erfolgt in Gestalt von Krediten — dazu gehören auch die sogenannten Investitionsbeteiligungen — und in Form von Einlagen in gemeinsame Einrichtungen. Arbeitskräfte werden bei Integrationsprozessen in Partnerländern tätig — im Rahmen von Forschungs- und Entwicklungsarbeiten, bei gemeinsamen Investitionsvorhaben, in gemeinsamen Forschungsinstituten, Produktionsbetrieben und Banken, in Verkehr und Außenhandel, beim Kundendienst.

Solange die internationalen Wirtschaftsbeziehungen vor allem als Außenhandel abgewickelt werden, bleiben die Produktivkräfte volkswirtschaftlich gebunden, sind sie international wenig beweglich.[13] Anders bei Integrationsprozessen. Arbeitsteilige Großproduktion setzt eine neue Stufe der Internationalisierung der Wirtschaftsbeziehungen voraus; Arbeitskräfte und Produktionsfonds werden international beweglich.

Notwendig wird, dem Druck der modernen Produktivkräfte folgend, eine abgestimmte und gemeinsame Produktion der Integrationspartner, nicht nur von Gütern, sondern auch von Information und Wissen.

Durch Wahl von Produktionsstandorten nach internationalen Effektivitätskriterien der Beteiligten und die dazu notwendige internationale Mobilität von Produktivkräften entstehen allmählich *internationale Reproduktionskomplexe.* Sie sind dadurch gekennzeichnet, daß die Produktion über mehrere Volkswirtschaften verteilt wird (fließender internationaler Reproduktionszyklus), wozu internationale Distributionsprozesse notwendig sind. Produktion und Distribution werden durch die Zirkulation, durch den Markt vermittelt. Diese internationalen Reproduktionszyklen müssen einheitlich, von einem internationalen kollektiven Gremium gleichberechtigter Partner, geleitet und geplant werden.

Die stärkere Internationalisierung der Produktionsbeziehungen in Gestalt der Produktionsintegration verlangt *integrierte Märkte.* Der Außenhandel erhält spezifische Integrationsaufgaben. So muß er die langfristig stabile und bedarfsgerechte Lieferung von Bauelementen im Rahmen von Kooperationsverträgen gewährleisten, ebenso Bezug und Absatz gemeinsamer Betriebe oder im Rahmen von gemeinsamen Investitionsvorhaben.

Es ändern sich auch die Zeithorizonte des Zirkulationsprozesses. Langfristige Außenhandelsabkommen und -verträge sind in Verbindung mit langfristigen Produktions- und Investitionsvereinbarungen notwendig.

---

[13] So ging Marx bei der Ausarbeitung seiner Theorie von Durchschnittsprofit und Produktionspreis von der internationalen Unbeweglichkeit der Produktivkräfte aus. (Vgl. u. a. K. Marx, Das Kapital, Dritter Band, a. a. O., S. 184—187.)

Besonders bei der Bildung von internationalen Wirtschaftsorganisationen mit Filialen in den einzelnen Ländern gelangen wir zu einer Integration der Binnenmärkte. Dies geschieht auch über die internationale Wanderung von Arbeitskräften und über den Reiseverkehr. So integrieren allmählich, zumindest auf einzelnen Gebieten, die Konsumgütermärkte.

Aus allen diesen genannten Prozessen leiten sich *neue Aufgaben für die Entwicklung der Grundproportionen und Strukturen* der beteiligten Volkswirtschaften ab. Sie können rationeller gestaltet werden, doch sind bei ihrer Planung die neuen internationalen Verflechtungen und damit Produktion und Bedarf der Partnerländer zu berücksichtigen. In dem Maße, in dem (unter anderem mittels Integration) volkswirtschaftliche Engpässe und Disproportionen abgebaut werden, ergeben sich günstigere Bedingungen für die sozialistische ökonomische Integration.

Gemeinsame Forschungen, Investitionen und Produktionen stellen durchaus *neue Prozesse der Bildung internationaler Werte* dar. Diese entstehen allmählich nicht mehr nur in einer Produktion von Finalerzeugnissen für den internationalen Austausch, sondern, auf dem Wege über die internationale Mobilität von Produktivkräften, in gemeinsamen Produktionen. Damit erhält die Theorie der internationalen Werte und auch der komparativen Vorteile neue Grundlagen, muß sie neu formuliert werden. Das ist auch praktisch bedeutungsvoll.

Durch arbeitsteilige und gemeinsame Produktionen wie auch durch die damit verbundenen Distributionsprozesse werden *neue Anforderungen an die Bildung der internationalen Preise und der Valutakurse, an den Verrechnungsverkehr und das Kreditwesen* gestellt. Das Volumen internationaler Kredite wächst; die Gewährung und Rückzahlung dieser Kredite verlangt entsprechende langfristig stabile Exportproduktionen. Die Valutakurse wurden früher zwischen den RGW-Partnern nach den Kaufkraftrelationen im Außenhandel gebildet; Produktionskooperation, der Bau gemeinsamer Objekte und gemeinsame Produktionen haben die Bildung der Valutakurse gemäß den Preisrelationen der Gesamtproduktion notwendig gemacht. Die Preisbildung für gewöhnliche Exportwaren, bei denen der Käufer keinen direkten Einfluß auf Investitionen und Produktion hat, erfolgt nach anderen Kriterien als die Preisbildung für Lieferungen aus Produktionen, die von beiden (oder mehreren) Partnern aufgebaut und geleitet werden.

Aus dem Gesagten ergibt sich, daß mit der Integration *neue Anforderungen an die Leitung und Planung* der einzelnen Volkswirtschaften und auch der internationalen Produktions-, Distributions- und Marktprozesse gestellt werden. Die volkswirtschaftlichen Leitungs- und Planungssysteme müssen integrationsgemäß funktionieren. Dabei werden sich die Grundformen der sozialistischen

Leitung und Planung in den einzelnen Ländern allmählich annähern. Die internationale Zusammenarbeit auf dem Gebiet der Planung erhält ebenfalls neue Züge und Elemente.

Die Bildung des Komitees für die Zusammenarbeit auf dem Gebiet der Planung beim RGW, auch die Bildung der Komitees für wissenschaftlich-technische Zusammenarbeit und für die Zusammenarbeit auf dem Gebiet der materielltechnischen Versorgung bieten institutionelle Voraussetzungen für neue Lösungen. Das gilt auch für den zusammengefaßten Plan mehrseitiger Integrationsmaßnahmen der RGW-Länder für 1976/80.

In den internationalen Wirtschaftsvereinigungen, die zu einem Teil später nach wirtschaftlicher Rechnungsführung arbeiten werden, entwickelt sich eine gemeinsame Planung auf den jeweiligen Gebieten.[14]

Zur integrationsgemäßen Planung gehört auch die stärkere Einbeziehung der Kombinate, Betriebe und Institute in den Integrationsprozeß. Ihre Mitwirkung bei der Ausarbeitung von Plänen und Vereinbarungen sowie ihre eigenverantwortliche Integrationstätigkeit im Rahmen der Pläne und Vereinbarungen sind einer der Motoren rationeller Verflechtung sozialistischer Volkswirtschaften.

So ist die Integration eine höhere Entwicklungsstufe der sozialistischen Planwirtschaft, ein Prozeß ihrer Internationalisierung. Damit zeigt sich, daß allmählich Integrationsprozesse auch im gesellschaftlichen Überbau beginnen.

---

[14] Vgl. im „Komplexprogramm" den Abschnitt „Gemeinsame Planung einzelner Industriezweige und Produktionsarten durch die interessierten Länder". (Komplexprogramm für die weitere Vertiefung und Vervollkommnung der Zusammenarbeit und Entwicklung der sozialistischen ökonomischen Integration der Mitgliedsländer des RGW, in: Dokumente RGW, Berlin 1971, S. 36 ff.)

V. Neue Strukturen der sozialistischen Produktionsverhältnisse

In unseren bisherigen Ausführungen sollte deutlich werden, daß die Internationalisierung der gesellschaftlichen Beziehungen in Gestalt der sozialistischen ökonomischen Integration die Elemente, die Strukturen und damit das gesamte System der sozialistischen Produktionsverhältnisse reichhaltiger macht.

Produktionsverhältnisse sind objektive und wesentliche, notwendige und dauerhafte gesellschaftliche Beziehungen in Produktion und Distribution, Zirkulation und Konsumtion. Das grundlegende Element sind die Eigentumsverhältnisse; doch können wir das Gesamtsystem der Produktionsverhältnisse mit seinen reichen Strukturen nicht mit den Eigentumsverhältnissen gleichsetzen. Der gesellschaftliche Aneignungsprozeß ist komplexer als das unmittelbare Eigentumsverhältnis. Außerdem können sich bei unveränderten Eigentumsverhältnissen die übrigen Elemente und Strukturen des Systems der jeweiligen Produktionsverhältnisse durchaus verändern. Hierzu trägt in nicht geringem Maße die sozialistische ökonomische Integration bei.

Wenn wir verallgemeinern, so lassen sich als wichtige Veränderungen, als *Dynamisierung und Bereicherung des Systems der sozialistischen Produktionsverhältnisse durch internationale Wirtschaftsintegration* die folgenden Momente festhalten:

— Bei zunächst weiter eindeutig vorherrschendem staatlichem Eigentum entwickeln sich allmählich internationale Wirtschaftsorganisationen, in denen mehrere Partner über die Nutzung von Teilen von eingebrachtem einzelstaatlichem Eigentum gemeinsam entscheiden.

— Die internationalen Produktionsverhältnisse gewinnen gegenüber den volkswirtschaftlich organisierten mehr und mehr an Gewicht.

— Innerhalb der internationalen Produktionsverhältnisse erlangen die direkten internationalen Produktionsbeziehungen dominierende Bedeutung.

— Die internationalen Produktionsverhältnisse verflechten sich stark mit den volkswirtschaftlichen und damit die volkswirtschaftlichen der einzelnen Integrationspartner untereinander.

Wenn von volkswirtschaftlich organisierten und internationalen Produktionsverhältnissen gesprochen wird, so nur in dem Sinne, daß sie Konkretisierungen (Erscheinungsformen) des allgemeinen Typs sozialistischer Produktionsverhältnisse sind. *Als abstrakte Kategorie der politischen Ökonomie sind die Produktionsverhältnisse, wie auch alle anderen Kategorien, allgemeiner Natur, weder volkswirtschaftlich noch international bestimmt.* Aber so, wie wir nicht nur vom Wert, sondern auch vom internationalen Wert sprechen, nicht nur vom Geld, sondern auch vom Weltgeld, nicht nur vom Kapital, sondern auch vom internationalen Kapitalverhältnis und vom Kapitalexport, nicht nur vom sozialistischen Eigentum, sondern auch vom staatlichen, genossenschaftlichen und internationalen Eigentum, so geht die Rede auch von nationalen (volkswirtschaftlich organisierten) und internationalen Produktionsverhältnissen. Beide Begriffe sind Entfaltungen der allgemeinen Kategorie in Richtung auf das Konkrete.

Als Marx in der „Einleitung zur Kritik der Politischen Ökonomie" von der geplanten Einteilung seines Werks sprach, machte er deutlich, daß die Kategorien der inneren Gliederung der bürgerlichen Gesellschaft nicht nur abstrakt, sondern auch in ihren konkreten Existenzweisen zu betrachten sind, in ihrer „Zusammenfassung ... in der Form des Staats", als „internationales Verhältnis der Produktion" und auch als Weltmarkt.[15]

Internationale sozialistische Produktionsverhältnisse sind die objektiven, langfristig stabilen, wesentlichen und notwendigen internationalen ökonomischen Beziehungen der sozialistischen Gesellschaft.

„Internationale sozialistische Produktionsverhältnisse sind die Gesamtheit der ökonomischen Beziehungen zwischen den sozialistischen Ländern, zwischen ihren staatlichen und Wirtschaftsorganen auf dem Gebiet der Produktion, des Austausches, der Verteilung und der Konsumtion der materiellen Güter. Die internationale Entfaltung der sozialistischen Produktionsverhältnisse kommt zum Ausdruck in der zunehmenden gemeinsamen Arbeit auf dem Gebiet der Planung, besonders der Produktions- und Investitionsprogramme, in der internationalen sozialistischen Spezialisierung und Kooperation der Produktion, in der gemeinsamen Planung, im gemeinsamen Bau und in der gemeinsamen Leitung von Betrieben und Wirtschaftsvereinigungen, in der wissenschaftlich-technischen Zusammenarbeit, im Warenaustausch und im internationalen Verkehr. Es entwickeln sich dabei neue Formen zur Vervollkommnung der sozialistischen Produktionsverhältnisse, die qualitativ über jene Produktionsver-

[15] K. Marx, Einleitung zur Kritik der Politischen Ökonomie, in: MEW, Bd. 13, Berlin 1961, S. 639. Vgl. auch: Derselbe, Grundrisse der Kritik der Politischen Ökonomie, a. a. O., S. 28 f.

hältnisse hinausgehen, die bis zur Annahme des Komplexprogramms vorhanden waren."[16]

Die volkswirtschaftlich organisierten Produktionsverhältnisse werden in der marxistischen Literatur wiederholt als primäre und die internationalen als sekundäre, als abgeleitete bezeichnet. So lesen wir z. B. bei N. W. Bautina, J. F. Kormnov und M. A. Borisovskaja, daß „die nationalen, planmäßig funktionierenden Formen der Vergesellschaftung der Produktion die Grundlage, die ursprüngliche Basis für den Entwicklungsprozeß der sozialistischen internationalen Vergesellschaftung der Produktion" darstellen.[17]

Weiter heißt es:
„Die Gesamtheit der Wirtschaftsbeziehungen, denen wir im Weltsozialismus begegnen, betrachten wir in unserer Arbeit als internationale sozialistische Produktionsverhältnisse; sie sind sekundäre, abgeleitete Produktionsverhältnisse. Die sozialistische Weltwirtschaft betrachten wir als die dialektische Einheit von ursprünglichen sozialistischen Produktionsverhältnissen, wie sie die erweiterte Reproduktion innerhalb der sozialistischen Länder kennzeichnen und internationalen sozialistischen Produktionsverhältnissen . . ."[18]

Ähnlich drücken das auch andere Autoren aus.[19]

Aber gegen diese Thesen sind wohl Bedenken am Platze. *In der logischen Entfaltung der sozialistischen Produktionsverhältnisse in Richtung auf das Konkrete liegen internationale und volkswirtschaftlich organisierte Produktionsverhältnisse gleichberechtigt auf einer Ebene.* Beide sind Entfaltungen, und die internationalen Produktionsverhältnisse sind keine Ableitung aus den nationalen. Wenn wir uns Marx' Theorie der Warenproduktion, des Geldes und des Kapitalverhältnisses ansehen, so werden wir nur Anhaltspunkte in der Richtung finden, daß er die internationalen und nationalen Werte, das internationale und nationale Kapitalverhältnis als gleichberechtigte Entfaltungsstufen der allgemeinen politisch-ökonomischen Kategorien betrachtet. Deutlich wird diese Methode auch bei Lenins Imperialismusanalyse. Internationale Konzerne, Kapitalexport, Aufteilung der Märkte und Aufteilung der Welt unter die Großmächte sind Wesenszüge der imperialistischen Entwicklungsphase

---

[16] Probleme der sozialistischen ökonomischen Integration, Thesen, Berlin 1974, S. 24.

[17] N. V. Bautina, J. F. Kormnov, M. A. Borisovskaja, Osobennosti meždunarodnogo socialističeskogo obobščestvlenija proizvodstva, Moskau 1973, S. 5.

[18] Ebenda, S. 6.

[19] Vgl. z. B. E. Pletnev, Leninskaja teorija vsemirnogo chozjajstva i ee velikaja žiznennaja sila, in: Mirovaja ekonomika i meždunarodnye otnošenija, 6/1974; ferner: Probleme der sozialistischen ökonomischen Integration, a. a. O., S. 23 f.

des Kapitalismus; damit sind keine sekundären oder abgeleiteten Produktionsverhältnisse formuliert.

Wenn nun für die sozialistische Gesellschaft die allmähliche Entfaltung kommunistischer Gesellschaftsbeziehungen kennzeichnend ist, dann ergibt sich, daß die internationalen Produktionsverhältnisse gegenüber den volkswirtschaftlichen an Gewicht gewinnen, bis schließlich das weltgenossenschaftliche System des Kommunismus entsteht. Aus dieser historischen Perspektive wäre der Schluß zu ziehen, daß gerade für den Sozialismus die internationalen Produktionsverhältnisse keine sekundären und abgeleiteten sind.

Eine andere Frage, die nichts mit dem Logischen, sondern mit dem Historischen zu tun hat, ist aus dem Tatbestand abzuleiten, daß der Sozialismus zunächst in einzelnen Ländern entsteht und daß sich erst auf dieser Grundlage internationale sozialistische Produktionsverhältnisse herausbilden. Auf diese Zusammenhänge verweisen auch einige Autoren, wenn sie die internationalen Produktionsverhältnisse als sekundäre und abgeleitete bezeichnen. Aber selbst gegen dieses historische Argument sind Bedenken in zweifacher Richtung anzumelden. Einmal entstanden kapitalistische Produktionsverhältnisse zunächst keineswegs nur als nationale; man denke an das Kaufmanns-, an das Geld- und Handelskapital. Und wie ist es heute, bei Existenz des sozialistischen Weltsystems? Wenn jetzt ein neues Land zum Weltsozialismus stößt — nehmen wir Kuba als Beispiel —, so entwickeln sich etwa gleichzeitig nationale und internationale sozialistische Produktionsverhältnisse.

Die Vertreter der These von den internationalen Produktionsverhältnissen als sekundären stützen sich auf eine Bemerkung von Marx in der „Einleitung zur Kritik der Politischen Ökonomie“. Hier schreibt Marx, nachdem er von der schon erwähnten Einteilung seines Buches gesprochen hat, daß weitere Punkte nicht vergessen werden dürften. Unter den acht Punkten, die er aufzählt, lautet Punkt 3:

“*Sekundäres und Tertiäres,* überhaupt *abgeleitete, übertragene,* nicht ursprüngliche Produktionsverhältnisse. Einspielen hier internationaler Verhältnisse.“[20]

Aber Marx meint hier gar nicht internationale *ökonomische* Beziehungen; offensichtlich ist die Rede von internationalen *politischen* Beziehungen; denn eine halbe Seite vor dieser Bemerkung spricht Marx von der Einteilung erstens in allgemein abstrakte Bestimmungen, zweitens in Kategorien, die die innere Gliederung der bürgerlichen Gesellschaft ausmachen und drittens von der Zusammenfassung der bürgerlichen Gesellschaft in der Form des Staats. Die Punkte 4 und 5 sind dann: „4. Internationales Verhältnis der Produktion.

[20] K. Marx, Einleitung zur Kritik der Politischen Ökonomie, a. a. O., S. 640.

Internationale Teilung der Arbeit. Internationaler Austausch. Aus- und Einfuhr. Wechselkurs. 5. Der Weltmarkt und die Krisen."[21]

Hier ist ganz eindeutig von den internationalen Produktionsverhältnissen als Entfaltung der allgemeinen Kategorie, neben ihrer Entfaltung im Innern der bürgerlichen Gesellschaft in der Form des Staats, die Rede.

Wenn diese Argumentation richtig ist, dann ergibt sich *eine weitere methodologische Schlußfolgerung.* Sie betrifft *die Modifikation von ökonomischen Kategorien und Gesetzen durch die internationalen Bedingungen.* Oft wird geschrieben, daß sich die ökonomischen Gesetze unter internationalen Bedingungen modifizieren. Das stimmt, doch modifizieren sie sich auch unter volkswirtschaftlichen Bedingungen; denn es handelt sich in beiden Fällen um Seinsweisen der abstrakten, allgemeinen politisch-ökonomischen Kategorien. Für diese *stellt die Volkswirtschaft ebenso wie die Weltwirtschaft ein Konkretum dar.* Es sind spezifische Wirkungsbedingungen. So ist das staatliche sozialistische Eigentum eine besondere Form des gesamtgesellschaftlichen Eigentums; so ist die Volkswirtschaftsplanung eine Modifikation der sozialistischen Planwirtschaft; so ist die Arbeitsteilung innerhalb einer Volkswirtschaft die modifizierte gesamtgesellschaftliche Arbeitsteilung. Ebenso sind zwischenstaatliches und internationales sozialistisches Eigentum, die Planungszusammenarbeit und gemeinsame Planung der Integrationspartner wie auch die internationale Arbeitsteilung Modifikationen, Entfaltungen der allgemeinen Kategorien.

Wenn das so ist, so wäre *eine Schlußfolgerung für den Aufbau der politischen Ökonomie des Sozialismus* zu ziehen, vor allem für Vorlesungen und Lehrbücher. Die Darstellung der Begriffe und Gesetze der politischen Ökonomie des Sozialismus müßte mit der Darstellung der konkreten Existenzen sowohl in den Volkswirtschaften als auch in den internationalen ökonomischen Beziehungen des Sozialismus verbunden werden. Beide Entfaltungen sind Modifikationen, sind Bereicherungen der abstrakten Kategorie. Die Mannigfaltigkeit der Erscheinungen wird in den allgemeinen Begriffen eingefangen.

In der Lehre von der sozialistischen Wirtschaft sollten also nicht nur die allgemeinen Kategorien behandelt werden, um dann sofort zu den Problemen der Volkswirtschaften zu kommen, während die internationalen Beziehungen einem Schlußkapitel zugeteilt werden.[22] Es ist besser, alle Kategorien, wie

---

[21] Ebenda, S. 639.

[22] Ein besonderes Kapitel über den Sozialismus als internationale Produktionsweise und das sozialistische Welt- und Weltwirtschaftssystem sollte bleiben, vielleicht eher zu Anfang als am Ende der Vorlesung bzw. des Buches. Ein weiteres Kapitel könnte der wirtschaftlichen Zusammenarbeit der sozialistischen Länder untereinander (einschl. Integration) und auch mit anderen Staaten gewidmet sein.

Produktionsverhältnis, Gesetz, Wert, Preis, Akkumulation, Proportionen usw., sowohl in ihrer volkswirtschaftlichen als auch in ihrer internationalen Seinsweise zu zeigen. Das entspräche dem Sozialismus als einer internationalen Produktionsweise und internationalistischen Gesellschaft.

VI. Nationales und Internationales im Integrationsprozeß

Mit den Veränderungen in den Wechselbeziehungen zwischen nationalen und internationalen Produktionsverhältnissen sind auch Entwicklungen im Verhältnis von Nationalem und Internationalem im Überbau der sozialistischen Gesellschaft (und in seinen Wechselbeziehungen zur Basis) verbunden. Im Rahmen dieser Fragenkreise wird auch die Problematik der nationalen und internationalen Interessen zur Diskussion gestellt, ebenso die des Verhältnisses von Objektivem und Subjektivem.

Wenn wir uns auf Lenins Konzeption von der nationalen Frage stützen, so können wir für die sozialistische Gesellschaft und ihre Entwicklung den *Widerspruch von zwei Tendenzen* formulieren.[23]

Erste Tendenz: Entstehen und Konsolidierung (Stabilisierung und Reifen) sozialistischer Nationen.

Zweite Tendenz: Internationalisierung der gesellschaftlichen Beziehungen dieser Nationen.

Die Politik marxistisch-leninistischer Parteien hilft beiden Tendenzen zum Durchbruch. Die Wechselbeziehungen zwischen beiden Tendenzen werden für die jeweiligen Entwicklungsabschnitte der sozialistischen Gemeinschaft untersucht und daraus die notwendigen politischen und gesamtgesellschaftlichen Aufgaben abgeleitet.

Die Nation ist keineswegs etwas Statisches, Konservatives gegenüber der Dynamik der internationalen Produktionsbeziehungen, wie das in einem Teil der kapitalistisch orientierten Literatur behauptet wird. Wir Marxisten sind deshalb sowohl gegen supranationale Unterdrückung der Entfaltung von sozialistischen Nationen als auch gegen jeden sektiererischen nationalen Nihilismus. Die Entwicklung einer sozialistischen Kultur, der Aufbau eines den Volksmassen dienenden sozialistischen Bildungssystems, die Sorge um die Verbesserung

[23] Vgl. W. I. Lenin, Kritische Bemerkungen zur nationalen Frage, in: Werke, Bd. 20, Berlin 1961, S. 12 f.

der Arbeits- und Lebensbedingungen, die Schaffung einer komplexen und effektiven sozialistischen Wirtschaft (mit Prozessen der allmählichen Angleichung des technisch-ökonomischen Niveaus der Partnerländer) — alles das sind fortschrittliche Entwicklungen.

Wir lehnen jedoch nicht nur den nationalen Nihilismus ab, wir sind ebenso Gegner des Nationalismus. Die Überbewertung des Nationalen oder der nationalen Spezifika gegenüber den anderen Nationen und gegenüber dem Internationalen schaden den eigenen objektiven nationalen Interessen und denen der sozialistischen Staatengemeinschaft. Die Formierung einer souveränen sozialistischen Nation ist nicht gleichbedeutend mit Unabhängigkeit im Sinne von völliger Selbständigkeit in der gesellschaftlichen Entwicklung, ist nicht identisch mit dem „Stützen nur auf die eigenen Kräfte". Mit der gesellschaftlich notwendigen und ja auch tatsächlich vor sich gehenden zunehmenden Internationalisierung der sozialistischen Gesellschaftsbeziehungen können die grundlegenden volkswirtschaftlichen Investitions- und Strukturentscheidungen nicht mehr im Alleingang gefällt werden. Dazu sind die internationalen Verflechtungen zu eng geworden. Es liegt im nationalen (staatlichen, volkswirtschaftlichen) Interesse,[24] die Entscheidungen über die Volkswirtschaft in der internationalen Gemeinschaft abzustimmen.

Die innere Logik des Weges der nationalen Isolierung führt, wenn nicht Gegentendenzen wirksam werden, zum Nationalismus und schließlich zur so tragischen und schädlichen Spaltungspolitik, wie sie von der heutigen Führung der KP Chinas betrieben wird.

Die ständige Meisterung des Widerspruchs der beiden Tendenzen zur Konsolidierung sozialistischer Nationen und zur Internationalisierung ihrer Gesellschaftsbeziehungen ist eine der kompliziertesten ideologischen, kulturellen, politischen und wirtschaftlichen Aufgaben. Vier (zusammenhängende) Seiten dieser Problematik wären zu beachten:

- Veränderungen des Internationalen,
- Veränderungen des Nationalen,
- Veränderungen in den Wechselbeziehungen und Widersprüchen zwischen Nationalem und Internationalem,
- Veränderungen in den Wechselbeziehungen und Widersprüchen zwischen Objektivem und Subjektivem.

---

[24] Wir haben gesellschaftliche, staatliche, volkswirtschaftliche und nationale Interessen, Regelungen, Systeme usw. zu unterscheiden; z. B. ist in Nationalitätenstaaten staatliches Eigentum nicht nationales, sondern multinationales Eigentum.

Einige Bemerkungen nun zu diesen Punkten, wobei die Punkte 1 und 2 nur kurz behandelt werden, da sich die dort erwähnten Veränderungen vor allem in Punkt 3, aber auch in Punkt 4 kreuzen.

1. Von der Veränderung des Internationalen durch Veränderung der ökonomischen internationalen Beziehungen im sozialistischen Integrationsprozeß war schon die Rede. Während in der früheren wirtschaftlichen Zusammenarbeit der RGW-Länder der Außenhandel dominierte und die wissenschaftlich-technische Zusammenarbeit eine besondere Rolle spielte, gewinnen bei der Integration die direkten internationalen Produktionsbeziehungen an Gewicht. Damit hängt etwas anderes zusammen: Die Planmäßigkeit der internationalen Wirtschaftsbeziehungen nimmt zu. Internationale Produktionsspezialisierungen oder Wirtschaftsorganisationen verlangen eine konkretere und langfristigere Planung als das früher der Fall war. Zugleich verlangen diese Integrationsprozesse zunehmend Vereinbarungen im Überbau: zur Sozialpolitik und zur Außenpolitik, über die kulturellen Beziehungen und die ideologische Zusammenarbeit, Regelungen von Rechtsfragen.

Die internationalen Aufgaben der marxistisch-leninistischen Parteien bei der Gestaltung der internationalen Beziehungen der Partnerländer untereinander und bei der Abstimmung ihrer Politik im Bündnis mit der nationalen Befreiungsbewegung und der internationalen Arbeiterbewegung nehmen bedeutend zu. Aufgaben der Festigung der Zusammenarbeit und dabei der weiteren Entwicklung der sozialistischen ökonomischen Integration erlangen in der Parteiarbeit viel größeres Gewicht. Seinen Ausdruck findet das in Konferenzen der Parteien, in zweiseitigen und mehrseitigen Beratungen der Ersten Sekretäre, in der Zusammenarbeit von Nachbarschaftsgebieten (etwa an der Oder-Neiße-Grenze) oder in der Arbeit von Parteiorganisationen und anderen gesellschaftlichen Organisationen der Arbeiter, Wissenschaftler, Angestellten und Studenten, die sich längere Zeit in Partnerländern aufhalten.

2. Komplizierte Aufgaben sind mit der *Veränderung des Nationalen* im wirtschaftlichen Integrationsprozeß verbunden. Dazu gehört, wie schon weiter oben bemerkt, die allmähliche Annäherung der einzelnen staatlichen Leitungs- und Planungssysteme in den Grundzügen und Hauptmethoden. Vor allem aber müssen die volkswirtschaftlichen Leitungs- und Planungssysteme integrationsgemäß und integrationsfördernd weiterentwickelt werden.

Sozialistische ökonomische Integration verlangt ferner einheitliche Regelungen auf den Gebieten der Standards, der Qualitätsnormen, des Arbeitsschutzes und in vielen anderen Bereichen der Gesetzgebung.

Offensichtlich müssen auch Schlußfolgerungen für die Bildungssysteme und für die Organisation der Wissenschaft gezogen werden. Auf diesen Gebieten gibt es gegenwärtig noch mehr oder minder große Unterschiede zwischen den einzelnen Ländern. Wenn sie auch sicher noch lange Zeit bestehenbleiben werden, so verlangt doch die enge, arbeitsteilige Zusammenarbeit Anpassungen, zumindest in ausgewählten Sektoren. Ebenso wie stark unterschiedliche Preissysteme oder Planungsregelungen die Integration erschweren, so werfen auch stark abweichende Bildungssysteme und Wissenschaftsorganisationen Koordinierungsprobleme auf.

Jedoch ist hierbei, wie bei allen anderen Anpassungsmaßnahmen, im Verlauf der Integration sehr zu beachten, daß die nationalen Charaktere und Lebensformen unterschiedlich sind und noch lange bleiben werden. Langfristig stabile nationale Traditionen und andere Besonderheiten sind im Inneren der Staaten und in ihren internationalen Beziehungen in Rechnung zu stellen. Ihre Mannigfaltigkeit trägt dazu bei, das Bild des Sozialismus zu prägen. Das Problem besteht überhaupt nicht in der Existenz dieser Traditionen und Formen, das Problem besteht darin, sie nicht zu ignorieren und sie nicht in Nationalismus entarten zu lassen. Im letzteren Fall würde das Allgemeine im Besonderen untergehen.

3. Mit den Ausführungen zu Veränderungen des Internationalen und des Nationalen wurde bereits wiederholt die *Dialektik der Wechselbeziehungen zwischen Nationalem und Internationalem* berührt. Wir stoßen hier auf eine zentrale Problematik: Die sozialistische ökonomische Integration vollzieht sich auf der Grundlage des in den einzelnen Ländern vorhandenen und organisierten staatlichen und genossenschaftlichen Eigentums an den Produktionsmitteln. Sehr wichtig ist dabei, daß auf der Grundlage dieses Eigentums einzelne volkswirtschaftlich organisierte Leitungs- und Planungssysteme aufgebaut worden sind. Die Tendenz zur Internationalisierung der Produktivkräfte, der Produktion, der wirtschaftlichen und auch anderen gesellschaftlichen Beziehungen ist also bei staatlicher Organisation von Wirtschaft und Gesellschaft durchzusetzen. A. P. Butenko schreibt hierzu:

„... kann der innerhalb beider Weltsysteme sich entwickelnde Widerspruch zwischen der fortschreitenden Internationalisierung des Produktionsprozesses und der fortbestehenden nationalstaatlichen Organisation des gesellschaftlichen Lebens gegenwärtig nicht durch die Beseitigung der nationalstaatlichen Scheidewände gelöst werden. Vielmehr ergibt sich aus ihm jetzt als allerwichtigste Aufgabe — deren Lösungsmöglichkeiten und -formen natürlich entsprechend der jeweiligen Klassengrundlage völlig verschieden sind —, die erreichte Stufe der Internationalisierung der Produktivkräfte mit der fortbestehenden nationalstaatlichen Organisation der Produktivkräfte und des gesamten gesellschaftlichen Lebens in Übereinstimmung zu bringen.

Eine der Formen zur Lösung gerade dieses Widerspruchs und dieser Aufgabe durch bestimmte Gruppen von Ländern, die diesen Widerspruch am schärfsten empfinden, ist eben auch ihre sich entwickelnde Integration."[25]

Unter der Führung der kommunistischen und Arbeiterparteien in den Partnerländern wird in den einzelnen Volkswirtschaftsplänen zu sichern sein, daß alle Integrationsaufgaben gelöst werden. Außerdem verlangen die Rohstoff- und Energieversorgung der RGW-Länder und die gemeinsame Arbeit auf dem Gebiet der Wissenschaft, verlangen gemeinsame Investitionen und Organisationen wie auch die oft sehr komplexen Produktionsspezialisierungen und -kooperationen langfristige Pläne und Regelungen. Ebenso sind Kombinate, Institute, Betriebe und Territorien stärker in die Integrationsprozesse einzuschalten. Die volkswirtschaftlichen Regelungen und ökonomischen Stimulierungen sind so zu gestalten, daß die Integration gefördert wird.

Wir wissen, daß das heute noch nicht reibungslos funktioniert. Bisher waren die volkswirtschaftlichen Planungs- und Stimulierungssysteme sehr stark auf die inneren volkswirtschaftlichen Prozesse (und auf den Außenhandel) orientiert. Daraus ergab sich, daß die Betriebe und Kombinate zum Teil nicht genügend an Integrationsmaßnahmen interessiert wurden. Engpässe, Bilanzverantwortung, Begrenzungen in der Zahlungsbilanz, Normative und Planauflagen können es für die Betriebe und Kombinate — ob ihnen das angenehm ist oder nicht — rentabler machen, anstelle eines Außenmarktes den Binnenmarkt zu beliefern. Manchmal ist es bequemer, nicht international zu kooperieren, sondern auch solche Produktionen selbst durchzuführen, die keineswegs strengen Produktivitätskriterien entsprechen. Zwischen den einzelnen Entscheidungsparametern, die den Betrieben und Kombinaten in Gestalt von Planauflagen und Normativen vorgegeben werden (Warenproduktion, Materialverbrauch, Import und Export. Selbstkostensenkung, Betriebsergebnis usw.), bestehen, vom Standpunkt der betrieblichen Effektivität, zuweilen Gegensätze.

Internationale Produktionsspezialisierungen und -kooperationen können an Begrenzungen der Zahlungsbilanzen scheitern. Aber letzten Endes sind diese Zahlungsbilanzlimitierungen nur Reflexe von Engpässen in der Produktion bzw. ungenügender Manövrierfähigkeit der Volkswirtschaft und der Kombinate im Rahmen der Plankennziffern. Das zeigt sich auch bei den von der Internationalen Investitionsbank der RGW-Staaten vergebenen Kredite, deren Realisierung durch Warenlieferungen im Laufe eines Fünfjahrplans dann auf Schwierigkeiten stößt, wenn der Kreditnehmer die Anlagen, die er mit Hilfe

---

[25] A. P. Butenko, Sozialistische Integration — Wesen und Perspektiven, Berlin 1972, S. 19.

des Kredits kaufen will, in den Partnerländern nicht oder doch nicht zum rechten Zeitpunkt erhält.

Auf der Grundlage des staatlichen und genossenschaftlichen sozialistischen Eigentums, bei nur allmählicher Entwicklung von zwischenstaatlichem und internationalem Eigentum, besteht demnach *die Schlüsselfrage der sozialistischen ökonomischen Integration* darin, *die volkswirtschaftlichen Leitungs- und Planungssysteme integrationsgemäß zu gestalten* und die volkswirtschaftlichen Leistungen integrationsgemäß zu entwickeln. Integrationsfortschritte hängen in entscheidendem Maße hiervon ab.

Die weitere Vervollkommnung der Volkswirtschaftsplanung ist vor allem darauf orientiert, die Effektivität der Wirtschaft mittels Integration zu erhöhen. Neben der Lösung der bereits skizzierten Planungsaufgaben kommt es weiter darauf an, eine bessere Proportionierung der Volkswirtschaften zu erreichen, die Grundproportionen zu sichern und die Strukturen innerhalb der Volkswirtschaftszweige und zwischen ihnen zu verbessern. Die Bereinigung der volkswirtschaftlichen Strukturen in entwickelten sozialistischen Industrieländern und die Komplettierung dieser Strukturen in noch weniger entwickelten Volkswirtschaften erfolgen vor allem durch Konzentration von Forschungen, Investitionen und Produktionen mittels schnell zunehmender internationaler Spezialisierung und Kooperation.

In dem Maße, in dem volkswirtschaftliche Engpässe beseitigt, Reserven gebildet und die volkswirtschaftliche Effektivität erhöht werden, können Integrationsmaßnahmen fließender und reibungsloser durchgeführt werden. Reservebildung sollte keineswegs so verstanden werden, daß in erster Linie Vorräte gebildet und Produktionskapazitäten freigehalten werden. Eine Hauptreserve der Volkswirtschaften, die an der Integration beteiligt sind, dürfte vielmehr darin bestehen, daß die Betriebe und Kombinate im Rahmen des staatlichen Plans beweglich operieren können, daß sie in diesem Rahmen ihr Sortiment oder auch ihre Exporte und Importe den Produktions- und Marktbedürfnissen reibungslos anpassen können.

Es geht also darum, die sozialistischen Produktionsverhältnisse so zu gestalten, daß sie dem Druck der modernen Produktivkräfte zu schneller Internationalisierung und dabei auch Integration entsprechen.

Es scheint angebracht, aus diesem Widerspruch zwischen Produktivkräften und Produktionsverhältnissen einen *Grundwiderspruch des sozialistischen Weltwirtschaftssystems* abzuleiten: den Widerspruch zwischen der staatlichen Organisation der Volkswirtschaften auf der Grundlage des staatlichen und genossenschaftlichen Eigentums an den Produktionsmitteln und der zunehmenden

Internationalisierung der Produktion und der gesellschaftlichen Beziehungen.[26]

Vom Standpunkt des Übergangs in die kommunistische Gesellschaftsphase sind staatliches und genossenschaftliches Eigentum sozialistisches *Gruppeneigentum, beschränkte* gesellschaftliche Aneignung. Dasselbe betrifft die staatliche Organisation der Wirtschaftsbeziehungen, der sozialistischen Produktionsverhältnisse. In einem langen geschichtlichen Integrationsprozeß werden Eigentum und Wirtschaftsleitung ebenfalls mehr und mehr internationalisiert (gemeinsame Planung, internationale Wirtschaftsvereinigungen, gemeinsame Forschungsinstitute und Produktionsbetriebe und anderes mehr). Diese historischen Prozesse des ständigen Setzens und Lösens bringen den Grundwiderspruch von staatlicher Wirtschaftsorganisation und Internationalisierung ganz allmählich zum Verschwinden.

Das ständige Setzen und Lösen dieses Grundwiderspruchs zwischen staatlicher Organisation und Internationalisierung bedeutet zugleich Entfaltung des grundlegenden sozialistischen Produktionsverhältnisses der Kollektivität, der Zusammenarbeit und gegenseitigen Hilfe.

Dieser Grundwiderspruch ist aus dem Widerspruch zwischen Produktivkräften und Produktionsverhältnissen abzuleiten, er ist dem ökonomischen Grundgesetz mit seinen Widersprüchen zwischen Ziel und Mitteln der sozialistischen Produktion immanent. Er stellt eine Modifikation dieser Widersprüche des ökonomischen Grundgesetzes des Sozialismus dar.

Mit der widerspruchsreichen Dialektik von Produktivkräften und Produktionsverhältnissen unter den Bedingungen der sozialistischen ökonomischen Integration, mit der Dialektik von international unbeweglichen und beweglichen Produktivkräften, von nationalen und internationalen Produktionsverhältnissen, von staatlichen Leitungssystemen und zunehmender Internationalisierung der ökonomischen Beziehungen — mit dieser Dialektik verbunden und eingebunden in sie ist *die Problematik der gesellschaftlichen Triebkräfte und Interessen, der nationalen und internationalen.*

Nicht ökonomische Kategorien und ökonomische Gesetze sind die Triebkräfte der Geschichte; das die Menschen Vorantreibende sind die objektiven Wider-

---

[26] Vgl. G. Kohlmey, Entwicklungsprobleme des sozialistischen Weltwirtschaftssystems, Berlin 1958, S. 51 ff., besonders S. 57.
Vgl. A. P. Butenko, a. a. O., S. 18 ff., bes. S. 21. Demgegenüber bestreitet G. Gleserman die Existenz von Grundwidersprüchen im Sozialismus (G. Gleserman, Widersprüche der gesellschaftlichen Entwicklung im Sozialismus, in: Probleme des Friedens und des Sozialismus, 3/1972, S. 388 f.)

sprüche. Diese objektiven Triebkräfte und damit Interessen setzen sich in subjektive Triebkräfte und Interessen um.[27] So ist mit dem Setzen und Lösen aller Widersprüche im Sozialismus, also auch der der internationalen ökonomischen Integration, die Dialektik der nationalen und internationalen Interessen verflochten. Sie ist eine der entscheidenden Seiten in der Entwicklung des Verhältnisses von Nationalem und Internationalem durch den sozialistischen Integrationsprozeß.

Nicht nur die Entwicklung des Sozialismus im allgemeinen, sondern auch die der internationalen Wirtschaftsintegration setzt die Interessenproblematik energisch auf die Tagesordnung. Sozialistischer Wettbewerb zwischen Individuen und Gruppen, sozialistischen Betrieben und sozialistischen Volkswirtschaften — Wettbewerb in dem weiten Sinn, wie Lenin ihn verstand — bringt zwangsläufig im einzelnen unterschiedliche sozialistische Gruppeninteressen zum Ausdruck. Das gilt auch für den zunehmenden Wettbewerb sozialistischer Volkswirtschaften bei der Durchführung von Integrationsmaßnahmen, beim Absatz in Partnerländern und auf dritten Märkten. Wenn wir von unnötigen parallelen oder divergierenden Einzelaktionen absehen, sind *dieser Wettbewerb und sozialistische Gruppeninteressen eine objektiv notwendige Triebkraft der Entwicklung in der sozialistischen Gesellschaft.*

Im Zuge des Integrationsprozesses der RGW-Volkswirtschaften gewinnen die *internationalen* ökonomischen Interessen der Partnerländer an der Festigung der sozialistischen Staatengemeinschaft zunehmend an Bedeutung und Gewicht. Das ist eine wichtige Seite der Veränderung des Nationalen und der Wechselbeziehungen von Nationalem und Internationalem durch sozialistische ökonomische Integration. Die internationalen Interessen sind Bestandteil der staatlichen (nationalen) Interessen, ist es doch das objektive staatliche (nationale) Interesse eines jeden Integrationspartners, die anderen Länder und die Gemeinschaft insgesamt, auch im eigenen Interesse, zu stärken. Je technisch-ökonomisch entwickelter ein Land ist, desto besser ist es als Partner für diffizile Integrationsmaßnahmen geeignet. Also wird das entwickeltere Land das Erforderliche tun, um das Wachstum der anderen Volkswirtschaften zu unterstützen.

Butenko und andere Autoren bezeichnen mit Recht *die internationalen Interessen als die allgemeinen staatlichen beziehungsweise nationalen (objektiven)*

[27] Vgl. Friedrich Engels über die ideellen Triebkräfte und die hinter den Beweggründen der geschichtlich handelnden Menschen stehenden eigentlichen letzten Triebkräfte der Geschichte (F. Engels, Ludwig Feuerbach und der Ausgang der klassischen deutschen Philosophie, in: MEW, Bd, 21, Berlin 1963, S. 297 f.)

Interessen.[28] Sie sind in ihren Wesenszügen in allen Partnerländern der Integration gleich. Weiter gibt es die spezifischen staatlichen (nationalen) Interessen; sie unterscheiden sich von Land zu Land, von Nation zu Nation. Sie sind zahlreich und bunt, sie entspringen verschiedenen Quellen — von subjektiven Faktoren einmal ganz abgesehen. Unterschiedliche wirtschaftliche Interessen können sich aus Unterschieden im Produktivitätsniveau ergeben, aus der geographischen Lage, der Außenhandelsintensität, den verschiedenen wirtschaftspolitischen Konzeptionen, Traditionen und anderem mehr. Sie lassen sich nicht allein mit administrativen Maßnahmen und auch nicht allein mit politisch-moralischen Appellen aus der Welt schaffen. Ein wichtiges Mittel, um sie zu vermindern, sind die volkswirtschaftlichen Verflechtungen zwischen den Partnerländern.

Je mehr zum Beispiel internationale Produktionsspezialisierung und -kooperation betrieben wird, desto mehr muß die volkswirtschaftliche Strukturpolitik die Strukturen von Bedarf und Produktion, von Bildung und Forschung, von Investitionen, Produktion und Außenhandel in den Partnerländern berücksichtigen. Produktionsstandorte werden nach internationalen Standortkriterien ausgesucht. Produktionszyklen überschreiten die Landesgrenzen. Immer mehr hängt ein Land (ein Betrieb) von Quantität und Qualität der Leistung des anderen ab. Eigene gute Arbeit ist Voraussetzung für gute Arbeit des Partners. Und umgekehrt. Die Leistung des einen wird Voraussetzung für die Leistung des anderen. Auch *im einzelnen* werden auf diesem Wege ökonomische Interessen angeglichen und in Übereinstimmung gebracht.

4. Ein vierter Problemkreis des Verhältnisses von Nationalem und Internationalem im sozialistischen Integrationsprozeß enthält *die Objekt-Subjekt-Problematik.* Die Widersprüche und Entwicklungen des Objektiven werden in diesem oder jenem Maße, adäquat oder auch nicht, bisweilen sogar im „verkehrten Bewußtsein“, im Subjektiven reflektiert, in der Erkenntnis und im Handeln der Parteien, der Regierungen, der gesellschaftlichen Organisationen, der Betriebsleitungen, der Werktätigen. Die Grundtendenz dieses Handelns, dieser Widerspiegelung des Objektiven im Subjektiven, ist die Lösung des Widerspruchs zwischen Nationalem und Internationalem unter den jeweils gegebenen Bedingungen. In diesem Prozeß bedeutet das Lösen von Widersprüchen in der Gegenwart zugleich neues Setzen dieser Widersprüche, Auslösen neuer Entwicklungen der Produktivkräfte, der Produktionsverhältnisse und des Überbaus.

---

[28] A. P. Butenko, a. a. O., S. 44 ff.
Vgl. auch A. P. Butenko, Zur Dialektik von Einheit und Interessen im sozialistischen Weltsystem, Berlin 1974.

Nicht rechtzeitiges Erkennen der Widersprüche, ihrer Entwicklungsbedingungen und Lösungsmöglichkeiten, auch nicht rechtzeitige, vollständige Umsetzung der Erkenntnis im gesellschaftlichen Handeln führen zu Verzögerungen, können Disproportionen oder negative soziale und internationale Widersprüche hervorrufen.

Die Leitung der Wirtschaft im Sozialismus und dabei der Wirtschaftsbeziehungen zwischen den Integrationspartnern ist staatliche Leitung. Aber es leitet ja nicht „der Staat", es leiten Menschen, Menschengruppen in bestimmten Institutionen. Die Leitung durch diese zentralen und nicht-zentralen Institutionen, die Ausübung von Macht durch sie dient dazu, die gesellschaftlichen Prozesse planmäßig zu lenken. Das gilt auch für die Integration. Im Innern ist die Entwicklung der sozialistischen Demokratie notwendig, um die Leitung durch Menschengruppen und Institutionen nicht in Bürokratismus, Willkür, oder Überzentralisierung abgleiten zu lassen. Auch nach außen, gegenüber den Integrationspartnern, ist dieser Ausbau der sozialistischen Demokratie, des demokratischen Zentralismus erforderlich; zugleich aber auch die Entfaltung der internationalen Kollektivität. Damit kann verhindert werden, daß die staatliche (nationale) Leitung der sozialistischen internationalen Wirtschaftsbeziehungen nicht in staatlich (national) isolierte Maßnahmen oder gar in nationalistische Konfrontationen abgleitet. Dem wird wirksam begegnet, wenn die führende Rolle der kommunistischen und Arbeiterparteien im Integrationsprozeß bei gemeinsamer Anwendung der marxistischen Grundpositionen auf die jeweiligen Bedingungen gefestigt und ausgebaut wird. Auf wirtschaftlichem Gebiet — auch davon war schon die Rede — werden die Verflechtungen zwischen den Volkswirtschaften zunehmen und volkswirtschaftliche Maßnahmen in ihrer Effektivität in wachsendem Maße von den internationalen Verflechtungen abhängig und bestimmt.

Ein anderer Weg, um die Widersprüche zwischen Objektivem und Subjektivem zu beherrschen, um sozialistische Demokratie und Internationalismus weiter erfolgreich durchzusetzen, besteht darin, im Integrationsprozeß, wie im Innern der Volkswirtschaften, die Betriebe und Institute, Kombinate und Territorien verstärkt einzuschalten, um Integrationsaufgaben vorzubereiten, zentrale Integrationsvereinbarungen zu verwirklichen und selbst dezentrale Integrationsmaßnahmen zu vereinbaren und durchzuführen. Es entwickeln sich die internationalen Interessen der Betriebe und Kombinate. Damit wird Überzentralisierung ebenso begegnet wie nationalen Isolierungen.

Schließlich werden die Werktätigen in der Arbeit und in der Konsumtionssphäre mehr und mehr in Integrationsmaßnahmen einbezogen und von diesen Maßnahmen berührt. Der internationale Einsatz von Arbeitskräften nimmt ebenso zu wie der Tourismus. Parteiorganisationen und andere gesellschaftliche

Organisationen arbeiten in gemeinsamen Betrieben und Investitionsobjekten bei der Beschäftigung von ausländischen Arbeitskräften mit den entsprechenden Organisationen der Partnerländer zusammen. *Es entfaltet sich das unmittelbare Interesse der Werktätigen und ihrer Kollektive an der sozialistischen ökonomischen Integration. Die Gesamtheit der subjektiven staatlichen und volkswirtschaftlichen, nationalen und internationalen Interessen ist also vielschichtig* und in sich widerspruchsvoll und folglich dynamisch. Diese Gesamtheit umfaßt die Interessen der Parteien und Regierungen, der Betriebe, verschiedenen Organisationen und Kollektive, der Bürger als sozialistische Eigentümer, Produzenten und Konsumenten.

Nicht im Selbstlauf allerdings entwickelt sich die Freundschaft, werden Erscheinungen des Nationalismus vermieden. Es bedarf richtiger politischer Arbeit und richtiger ökonomischer Regelungen. Langfristig sind die internationale ökonomische Integration und die Angleichung des wirtschaftlichen Entwicklungsniveaus der sozialistischen Länder die entscheidenden ökonomischen Grundlagen für die weitere Annäherung sozialistischer Nationen.

VII. Sozialistische ökonomische Integration und Weltwirtschaft

Abschließend sei noch einmal auf die Dialektik der Entfaltung des Logischen im Historischen Bezug genommen.

Die heutige sozialistische ökonomische Integration vollzieht sich in einer begrenzten Zahl von sozialistischen Ländern. Sie sind in ihrem Produktivitätsniveau unterschiedlich, und insgesamt weicht dieses Produktivitätsniveau noch von dem der entwickelten kapitalistischen Länder ab. Schließlich existiert die Umwelt der antikolonialen und antiimperialistischen Befreiungsbewegung, existiert die Welt des Imperialismus.

Eine hochentwickelte sozialistische ökonomische Integration setzt voraus:

— eine dem Kapitalismus überlegene gesellschaftliche Produktivität;

— die eindeutige Bestimmung der entscheidenden Weltprozesse durch das sozialistische Weltsystem;

— eine entscheidende Verminderung der Unterentwicklung, des Hungers und aller anderen Deformationen in den noch vom Imperialismus beherrschten Teilen der Weltwirtschaft.

In dem Maße, in dem das internationale Milieu der sozialistischen ökonomischen Integration verändert wird und weitere Länder den antiimperialistischen und sozialistischen Weg beschreiten, kann sich die sozialistische ökonomische Integration stärker entsprechend ihren eigenen Gesetzmäßigkeiten entwickeln. Gegenwärtig und in der nächsten Zukunft wird die Wirtschaftsintegration der RGW-Staaten auch noch von den Gesetzmäßigkeiten des Milieus beeinflußt, müssen wir die Integrationsmaßnahmen mit Maßnahmen der Unterstützung der antiimperialistischen Befreiungsbewegung und der Zurückdrängung der imperialistischen Politik verbinden. Die Ausarbeitung weiterer Ziele, Wege und Formen der sozialistischen internationalen Wirtschaftsintegration wird von diesen äußeren Faktoren beeinflußt. Das bezieht sich auf die politischen Faktoren des antiimperialistischen Kampfes und auch auf die ökonomischen Faktoren der kapitalistischen Weltwirtschaft. (Man denke nur — aber das ist nur ein Beispiel — an die Entwicklung der kapitalistischen Weltmarktpreise.)

So wird auch unter diesem Aspekt die eingangs formulierte dreifache Aufgabe der gesellschaftswissenschaftlichen Forschung auf dem Gebiet der sozialistischen ökonomischen Integration unterstrichen: Einmal sind die allgemeinen Kategorien und Gesetze der Integration sozialistischer Volkswirtschaften auszuarbeiten. Zweitens geht es um die Analyse der konkreten historischen Bedingungen, der inneren und der äußeren, für die jeweiligen Entwicklungsabschnitte; daraus sind die jeweiligen konkreten Integrationsaufgaben der einzelnen Länder und der sozialistischen Staatengemeinschaft insgesamt abzuleiten, zunächst für die Laufzeit des Komplexprogramms bis Ende der achtziger Jahre und, heute schon beginnend, darüber hinaus. Drittens schließlich ist die jeweils konkrete Einheit von Ökonomie und Politik auszuarbeiten und zu beherrschen. Die wirtschaftliche und politische Zusammenarbeit der Mitgliedsstaaten des Warschauer Vertragssystems und des Rates für Gegenseitige Wirtschaftshilfe festigt das Bündnis von Sozialismus, internationaler Arbeiterbewegung und antiimperialistischer Befreiungsbewegung.

Kolibri 360 GmbH
Ferdinand-Jühlke-Straße 7
99095 Erfurt, Deutschland
produktsicherheit@kolibri360.de